NO SIGUIS RUC ARA POTS ESCRIURE UN EBOOK EN UN ESTERNUT

Miquel J. Pavón i Besalú

Geògraf

www.posets.com

Dedico aquest ebook
A la meva família.

ÍNDEX

"Tinc 900 llibres a la meva biblioteca, 700 d'ells els he escrit jo mateix".
Henry David THOREAU

PRESENTACIÓ

Tinc un fill adolescent que pertany a l'actual generació digital. No li agrada llegir llibres en el format tradicional. Cada vegada que li fan fer un treball d'algun llibre no para de rebufar. Però, en canvi, és un gran lector. Hi ha dies que es passa hores i hores llegint al Facebook o als xats. Això demostra que el problema no és llegir sinó que el problema és el format en el que es llegeix.

Si dic que vull parlar de llibres ja pràcticament ningú me voldrà prestar interès. És un tema que no atrau gaire. En canvi, si dic que parlaré de com guanyar diners fàcilment tothom para més les orelles. Però, si a més dic que el guany es pot fer tranquil·lament treballant en pijama, unes poques hores, des de casa i a estones lliures ja la cosa canvia de color. El tema pot acabar, fins i tot, com a *trend topic*.

El que reuneix les dues característiques citades és el llibre digital conegut també com *ebook*.

LLIBRE TRADICIONAL VERSUS EBOOK

No fa gaire vaig tenir que fer un trasllat de pis dels molt que he tingut que fer al llarg de la meva vida. Qui n'ha fet algun sap bé del que parlo. El pitjor de tot el trasllat és moure els llibres. Me va caldre fer prop de 50 caixes contant que n'hi ha molts que acabaren a les escombraries. Vaig intentar abans fer un donatiu a la biblioteca municipal però me varen posar un problema administratiu. Per fer un donatiu de llibres tenia que fer una relació escrita de tot el que volia donar. Amb l'enrenou del trasllat és la darrera cosa que un té ganes de fer: burocràcies. Per tant, el primer problema amb el que s'enfronta un llibre és el pes i l'espai que ocupa. En quan a l'espai també cal fer un important esment. El llibre que es passa anys en una biblioteca amb el temps agafa pols i petites bestioles que fan nius rodejats en l'abundància de menjar. El problema de netejar una biblioteca, llibre per llibre, no es pot explicar si un no ho ha viscut de ben aprop.

El llibre digital en aquests dos aspectes ja guanya per golejada al llibre tradicional. No pesa ni ocupa espai físic. De fet en un lector digital o en un ordinador podem arribar a tenir mils de llibres ben ordenats sense cap problema en aquest aspecte.

El principal inconvenient que se li posa al llibre digital és la seva dificultat de lectura i que pot malmetre la vista per l'efecte de la il·luminació de la pantalla. En aquest aspecte cal dir que la tecnologia els darrers 25 anys ha millorat com de la nit al dia i encara millorarà més. Recordo encara, com si fos avui, quan treballava amb pantalles monocromes, és a dir, un nom simpàtic per dir que eren, en realitat, en blanc i negre. Desprès es va passar a les pantalles en color de 16 a 256 tonalitats diferents. Es varen adonar que la gent es maxacava la vista amb allò ja que en realitat eren tubs de raigs nocius. Ens van fer comprar a tots un estúpid protector de pantalla que calia posar-lo penjat com si fos un fuet just al davant. Allò era un mal invent ja que no es veia ni fava o amb reflexes empipadors. A l'actualitat els lectors digitals tenen un *display* que tracta de guanyar al seu competidor: el llibre en paper. Penso que qui ho prova ja en surt molt satisfet del resultat aconseguit fins ara.

La veritable qüestió diferenciadora en aquests temps de crisi és el preu. Un llibre en format normal té un preu que volta els 20 euros mentre que podem comprar exactament el mateix llibre en format digital per 3 euros. La diferència no té color. El vertiginós augment de les vendes dels llibres digitals s'explica en gran part pel seu preu.

QUÈ ESCRIC UN LLIBRE O UN EBOOK?

Mirat fredament dona la mateixa feina escriure un llibre que un *ebook*. Tant per una cosa com per l'altre cal agafar un editor de textos i teclejar fins a que considerem que hem acabat. Però en aquest aspecte encara que no ho sembli hi ha en realitat grans diferències a considerar.

• **En quan a la censura**: Segurament no es tracta d'una censura en el sentit literal de la paraula. Però està clar que per publicar un llibre el normal és que ens calgui l'aprovació d'una editorial o d'un agent literari. El rebuig és altíssim. És un món que només està obert a uns quants privilegiats. El llibre digital no li cal cap aprovació de cap mena. Simplement es penja a la xarxa i es comença a vendre. Segons la meva manera d'entendre les coses penso que és la característica més important a tenir en compte.

• **En quan a l'extensió**: Per regla general, un llibre tradicional cal que tingui un mínim de planes. Si anem a una editorial amb un text de trenta folis el més segur és que pensi que li estem prenent el pèl i ens envïïn a pasturar. En canvi, un *ebook* pot ser tranquil·lament de dos folis si volem. Per exemple, podem escriure una recepta de cuina i penjar-la a Internet per a que pugui ser descarregada per un cèntim d'euro. Absolutament cap problema.

• **En quan als recursos**: El llibre digital permet escriure textos de la mateixa forma que els llibres tradicionals. Tot i que la diferència està en què permet afegir tot una serie de nous recursos que els llibres no podran fer-ho mai. Les fotografies és un clar exemple. Posar fotos en un llibre encareix el seu preu, de mica en mica, fins a un punt que l'acaba fent inviable econòmicament. El llibre digital permet utilitzar fotografies sense limitacions de cap mena. El preu no es veu afectat si es posa una o mil fotos. Però on el llibre tradicional ja perd per golejada és quan s'utilitzen altres recursos que li són impossibles d'utilitzar: els *links*, l'àudio, els vídeos o les presentacions.

- *Links*: En un llibre digital podem emplenar-lo d'enllaços que envíin al lector cap a una plana web complementària.
- *Àudio*: És un fenòmen que no ha tingut gaire èxit tot i que existeix la possibilitat de fer el que és un àudio llibre. Cal pensar que es tracte d'un recurs molt interessant per tot el col·lectiu de discapacitats. El que si ha tingut molt d'èxit és tot el que està relacionat amb el món de la música.
- *Vídeos*: Es pot fer un vídeo llibre o incloure vídeos en un llibre digital en el lloc del text que vulguem.
- *Presentació*: Es pot fer una presentació digital o inserir una presentació amb imatges en un llibre digital a qualsevol part del text.

• **En quan a la publicació**: Un llibre tradicional pot trigar un mínim d'unes setmanes sense comptar el temps invertit en gestions per aconseguir la seva publicació. La publicació d'un *ebook* és pràcticament immediat.

• **En quan al tiratge**: Per un escriptor desconegut si té la sort que una editorial li assumeixi la publicació del seu primer llibre pot comptar que li facin com a molt mil exemplars. D'aquests s'estima que, aproximadament si van bé les coses, s'en vendran la meitat. Són molts els autors que m'han confessat que tot i tenir el llibre publicat en una bona editorial s'han acabat venent 300 exemplars i desprès si t'he vist no me'n recordo. Em temo que aquesta realitat està bastant comprovada. Al llibre digital no li cal tiratge. Simplement es penja a Internet i es fan tants llibres com descàrregues es demanin. És una formula que funciona sota demanda per la qual cosa no hi ha el risc econòmic que deu assumir un editor.

Si el llibre no té èxit doncs cap problema. Fi. Però si el llibre té èxit cal convèncer a l'editor per a que faci una segona edició cosa que, en ocasions, sol ser molt problemàtica.

El llibre digital té l'avantatge que un cop posat a la xarxa té un temps de vida indefinit. No és de mig any com pot ser en un llibre normal sinó d'un bon nombre d'anys, tants com vulguem.

• **En quan al rendiment econòmic**.

   − Per un llibre normal un escriptor sol acordar amb l'editorial uns guanys del 10% dels llibres venuts. Si fem un càlcul ràpid, amb les dades explicades anteriorment, tenim que de mil exemplars que fa l'editor, anant bé, en vendrem la meitat, o sia, 500. Si el preu mig per llibre són 20 euros tenim que el llibre genera unes vendes properes als 10.000 euros. Si a l'autor li pertoca el 10% resulta que cal esperar guanyar mil euros per escriure un llibre. No està gens malament però a més d'un se li farà una recompensa escassa.

- Per un llibre digital actualment a la xarxa hi ha molta competència per captar escriptors per preu. El que s'està pagant és un 70% del preu fixat per l'autor. Això vol dir que si venem el llibre digital a 3 euros en rebrem 2,10 euros. Podem dir que pràcticament es guanya el mateix o més que venent un llibre en paper. La diferència important és que en paper el comprador ha de pagar 20 euros mentre que en el format digital només cal que en pagui 3 i seguirem guanyant el mateix.

• **En quan a la distribució geogràfica**: Si tenim un editor del país per a que ens publiqui un llibre el que farà serà distribuir-lo pel país. L'abast poblacional queda reduït a una zona geogràfica limitada pel mateix potencial de l'editor. En el llibre digital l'abast és mundial. La limitació no la dona la geografia la dona l'idioma en el que estigui escrit el llibre. I quasi ni això, ja que l'evolució dels traductors va a ritmes accelerats. Jo estic molt sorprès. Veig a les meves estadístiques com me compren *ebooks* en països per a mi incomprensibles com el Japó, Austràlia, Canadà, Alemanya o França quan escric en castellà i sóc molt poc conegut. I és que vendre un llibre entraria dins de l'anècdota però la realitat és que es venen més d'un i de dos.

• **En quan als drets de propietat**:

- Per editar un llibre normal cal realitzar una tramitació legal una mica complexa, o millor dit, burocràtica. Un llibre, avui dia, per sortir a la venda al carrer li cal: tenir un ISBN (és com la matrícula identificativa d'un llibre), un codi de barres (per poder ser venut a les llibreries) i fer el que es coneix com el dipòsit legal que consisteix a enviar una colla de llibres a l'Administració pública per a que els arxivin. És com una mena d'impostos que es carreguen sobre el llibre. Tot plegat té un cost inicial aproximat d'uns 200 euros.

- Per editar un llibre digital podem gestionar, si ens interessa, el que es coneix com DRM (Digital Rights Manegement) o gestió dels drets digitals. És gratuït. El que es fa normalment és incloure a l'arxiu descarregat un codi informàtic per a què el comprador no el pugui distribuir sense permís de l'autor. S'encarrega de fer-ho la plataforma de venda que fem servir. Moltes d'elles permeten que l'autor ho configuri al seu gust ja que es tracta d'una cosa voluntària i no és obligatòria. Si volem incloure un DRM el normal és que decidim si l'*ebook* venut pot prestar-se entre els amics, si es permet que s'imprimeixi per la impressora o si es podrà replicar un determinat nombre de vegades. Es pot sol·licitar un ISBN però no hi ha quasi cap plataforma que ho exigeixi. Un interessant registre de la propietat intel·lectual gratuït que hi ha a Internet és Safe Creative (www.safecreative.org).

FEN TECA TECLEJANT

Per escriure un llibre digital cal fer servir un editor de textos normal i corrent. Cal seguir una serie de criteris mínims per l'edició:

- És bàsic que els continguts escrits, imatges, portada o el que sia ha de ser fet per l'autor.
- Cal respectar en el text els marges i les sangries oportunes. És bo utilitzar correctament els títols i subtítols així com un ús adequat de la lletra negreta, cursiva i subratllada.
- Cal passar el corrector de l'idioma en el que estigui escrit el text.
- És recomanable utilitzar els salts de plana per a cada capítol nou.
- És important utilitzar una primera plana del text pel títol, una segona plana per indicar els drets, una tercera plana per a la dedicatòria i una quarta plana per l'índex abans del text pròpiament dit.
- És recomanable utilitzar la funció de marques de text. Com a mínim cal marcar la posició de la portada, de l'índex i de l'inici del text. Això permet al lector moure's més ràpidament pel text.
- Cal procurar no abusar de l'ús dels tipus de caràcters especials ja que alguns d'ells poden no ser admesos o ser mal convertits. En els processos de transformació dels diferents tipus de formats solen produir-se molts problemes.

- Cal anar en compte amb les taules o formats de les imatges ja que també poden donar problemes.
- Les bases de dades i les planes fetes en XML, per regla general, no es poden llegir. En canvi, els documents DOC, PDF i HTML si.

Per terme general, en el moment que decidim amb quina plataforma de venda treballarem el millor és baixar-se la plantilla que faciliten per tal que el llibre surti correctament organitzat i compaginat sense errades.

LA AUTO PUBLICACIÓ

Escriure un *ebook* i fer una publicació un mateix a la xarxa es coneix com auto publicació. Actualment a la xarxa ja hi ha moltes pàgines que permeten pujar un llibre digital per posar-lo a la venda. És un sector molt nou. Pot evolucionar molt en els propers anys. L'auto publicació ja engloba avui totes les possibilitats diferents. Es pot escriure un llibre per ser venut en paper, en *ebook* o, fins i tot, per no ser venut i comprar-lo només nosaltres. És possible vendre àlbums fotogràfics digitals, vídeos en DVD o música en CD entre altres.

El problema del material auto publicat sol ser la qualitat. Tot el que es publica mitjançant una editorial té una garantia de que es compleixen uns estàndards i uns mínims. Amb el material autogenerat el llistó és molt més baix. Tot i així, s'està produint un fenomen realment curiós i és que la gent no li dóna molta importància a aquesta delicada qüestió. Penso que el preu baix dels materials auto publicats té més pes que haver de pagar un sobrepreu per uns materials de més qualitat.

PRINCIPALS PLATAFORMES ON POGUER AUTO PUBLICAR

Menciono les més importants i que conec que funcionen en llengua catalana o castellana i per Espanya a dia d'avui. Suposo que n'hi ha més i amb el temps en sortiran de noves. Es d'esperar que serà un sector que anirà en augment en detriment de les editorials clàssiques pels motius evidents que hem anat comentant.

- **KDP Amazon**. Avui per avui és el rei. Venen el que volen i més. Si algú es planteja vendre *ebooks* sense ser conegut Amazon és capaç de vendre el que reben per publicar sense cap problema. Han anunciat que faran una promoció especial pels escriptors novells. Facin el que facin ara ja venen. Potser l'únic problema és que es triga una mica en arrancar. Potser un mes o dos com a molt. El que té interessant és que el llibre un cop està a la llista de venda d'Amazon a mida que passa el temps es va posicionant en els rànkings. A l'Amazon hi ajuda molt, apart de les vendes, que la plana del llibre sigui molt visitada, rebre puntuacions positives i comentaris dels lectors. Quan això succeeix les vendes augmenten de forma exponencial. Hi ha autors totalment desconeguts escriptors de llibres electrònics que reconeixen tenir de 500 a 1000 descàrregues mensuals dels seus *ebooks* només a Amazon. Penso que un dels grans secrets de l'èxit de vendes que té Amazon és que si tens un web o un bloc i fas propaganda dels seus llibres paguen un 10% de comissió. Això és molt atractiu pel món *blogger*. No cal ser molt intel·ligent per endevinar que

això fa que creixin molt ràpidament gràcies a la gran quantitat de tràfec extern que reben. La descarga prioritària que fan correspon al format del seu lector Kindle tot i que els fitxers descarregables també es pot llegir a qualsevol ordinador.
Web: Amazon (http://kdp.amazon.com).

• **CreateSpace**. És la plataforma d'Amazon especialitzada en vendre llibres en format paper, música i pel·lícules auto generades. Generen l'ISBN i el codi de barres gratuïtament. El sistema que tenen per rebre el material és molt professional i de fàcil us. Tenen una interessantíssima oferta per vendre llibres a tots els Estats Units i aparèixer a tots els llistats i catàlegs. Admeten tot tipus de material escrit en castellà o català sense problemes.
Web: CreateSpace (https://www.createspace.com).

• **Bubok**. Jo avui utilitzo la plataforma de Bubok perquè funciona molt bé per generar les portades dels llibres, pel seu servei de gestió professional per la revisió dels continguts i per tramitar la burocràcia legal si es vol fer una edició en paper. Per contra, no és una plataforma gaire coneguda i no ven gaires llibres a no ser que un mateix envii els potencials compradors. Apart de vendre llibres normals en paper la descàrrega d'*ebooks* que fan és en el format ePub.
Web: Bubok (www.bubok.es).

• **Lulu**. És una plataforma dels Estats Units. L'utilitzo perquè està especialitzada en la descàrrega en format PDF. Aquest format s'ha convertit en un estàndard mundial. Qualsevol persona que estigui poc informatitzada pot llegir fitxers en aquest format. Lulu fa un esforç important per a que es pugui descarregar i es pugui llegir en els diferents formats de la multitud de dispositius lectors que existeixen en el mercat. És un lloc que ven molt en anglès i en altres idiomes no té gaire venda. És un lloc de compra que interessa als qui no tenen lectors d'*ebooks* i llegeixen directament des de l'ordinador. Web: Lulu (www.lulu.com).

• **Google libros**. És el gegant dormit. Estan en fase beta. A la que desperti és d'esperar que arrasi amb el seu habitual potencial amb el que ens té acostumats. Ara el web que tenen penso que és tirant a complicat d'us i són extremadament lents en tota la tramitació d'un alta nou. És d'esperar que millorin amb el temps ja que és una empresa receptiva dels suggeriments que reben. Té un mercat inicial potencial de venda al·lucinant …. Estats Units, Canadà, Europa, Japó, Austràlia, …. Els possibles compradors els tenen més que assegurats. Ara estan arrancant el tema dels *ebooks* però no serà gens descartable que acabin tocant el llibre imprès o qualsevol altra cosa a la que se li creuin els cables i s'hi posin a fer-ho.
Web: Google Libros (https://books.google.com/partner).

PRINCIPALS PROBLEMES DE L'AUTOEDICIÓ

Ja s'ha comentat abans que les diferents plataformes posen a disposició de l'autor una guia que permet, si se segueixen tots els passos, posar un *ebook*, un llibre o qualsevol altre material auto generat a la venda. Més o menys totes són força semblants amb petites diferències. El que solen demanar és que es faciliti:

- Les dades generals tal com: títol, autor, descripció del contingut, paraules clau, ….
- Aportar el fitxer del que es vol vendre. El normal és que sia en format DOC o PDF pels textos.
- Aportar el fitxer de la portada, la contraportada i el llom del llibre. El format habitual és el JPG. Cas de no tenir-ne solen facilitar unes portades tipus per a que es pugui triar una i les posen a lliure disposició. Si la portada la fem nosaltres és important que tingui una alta qualitat d'imatge. En el món de la impressió la qualitat mínima requerida sol ser de 300pp. Una qualitat inferior fa que la imatge de la portada del llibre es vegi pixelada. Cal tenir en compte que la imatge ha de tenir també unes dimensions grans mínimes i que preferiblement sigui una imatge vertical.
- Decidir el tipus d'enquadernació, el tamany del llibre i la qualitat del paper.
- Indicar el preu de venda al públic per cada tipus diferent d'edició. Cal que el preu del *ebook*

descarregable sigui sensiblement inferior al preu del llibre imprès. Les plataformes solen assignar uns preus mínims per cobrir la despesa que suposa la confecció física del material o les despeses d'enviament. Pels escriptors novells i desconeguts sé sol recomanar posar preus el més baixos possibles que permeti la plataforma de venda.

Un cop explicat tot el que s'ha exposat anteriorment podem sospitar que els principals problemes als que s'enfronta un auto editor són aquells que:

- Cal tenir uns coneixements mínims d'informàtica de tot el que fa referència als tractaments de textos i les instruccions bàsiques del llenguatge de programació en HTML (pàgines web).
- S'ha de lidiar amb els problemes que es generen quan es passa d'un format a un altre. Els documents escrits en format DOC donen molt sovint problemes quan els transformem en documents en format ePub. És interessant, per evitar-los passar el validador d'errors *epubcheck* abans de donar el text per correcte.
- Calen uns coneixements mínims de tractament de imatges per confeccionar les portades, les contraportades i els lloms dels llibres o *ebooks*.
- Ens caldrà una paciència quasi infinita en les tasques de correcció dels textos. És el que es coneix com les galerades.
- Potser serà interessant plantejar-se la traducció dels textos als idiomes que siguin comercialment més interessants donat que els coneix molta gent.

— Uns mínims coneixements de màrqueting per auto promocionar-nos. De tots els temes esmentats potser és el que pot ser el més complicat de tots a resoldre. En depèn, en gran mesura, l'èxit o el fracàs. És en aquest àmbit on segurament trobarem necessària l'ajuda d'un potent editor que ens ajudi a vendre un gran nombre d'exemplars. Encara que d'això no n'estic del tot convençut.

COM FER LA PROMOCIÓ?

Un cop fet el llibre i posar-lo a la venda queda el darrer pas: que es vengui. És un pas més important del que sembla. Els experts parlen que cal generar el que es coneix com una micromarca. Algunes idees interessants de promoció són:

• **Cuidar l'aspecte general del llibre**: Per a que un llibre digital a Internet es vengui el comprador sol tenir una sèrie d'elements bàsics que l'ajuden a pendre una decisió de compra:

- *La portada*: És bàsic i fonamental. Una bona portada ben dissenyada i que sigui atraient pot ser molt definitiva.
- *El títol*: Fer servir un títol que enganchi d'alguna forma. Cal intentar diferenciar-se entre els mils de títols molt semblants que hi ha al mercat.
- *Generar suspens*: Per aconseguir-ho hi ha dos elements claus. Per un costat, la redacció resum que se li acompanya al llibre ha de ser atractiva. Per l'altre, s'ha de tenir en compte que la majoria de les plataformes mostren gratuitament el primer 10-20% del text del llibre. Utilizar aquest inici pot enganchar a més d'un indecís si el sabem utilitzar -lo adquadament.
- *ISBN*: Donar-li al llibre un punt addicional de legalitat és més que recomenable a la que sigui possible.

• **Utilitzar el llibre com a taulò d'anuncis**: Penso que tardarem poc en veure llibres amb publicitat. Un recurs molt utilitzat de sempre es promoure altres llibres al final dels textos. Una bona idea és que podem afegir al final dels llibres un llistat dels altres llibres que haguem publicat anteriorment. És una opció bastant efectiva. Si un llibre ha agradat és fàcil que el lector acabi comprant més llibres del mateix autor. Per aquests casos el millor és posar-ho fàcil i aportar l'oportuna informació.

Un altre aspecte a considerar és que es poden incloure en el text enllaços publicitaris. Per exemple, en un llibre de receptes de cuina gratuït es podrien posar enllaços per a que els lectors comprin a la nostra botiga virtual.

• **Fer un bloc o web**: Cada plataforma fa una plana a Internet visitable per Internet per cada llibre. En aquesta plana s'hi posa informació sobre el llibre i es permet que s'hi puguin fer comentaris, recomanar-lo a les xarxes socials o puntuar-lo. Són planes que els buscadors les solen posicionar molt bé. És molt recomanable fer un web o un bloc complementari. El que es fa és enviar visites des del bloc o web cap a la plana de venda del llibre.

• **Fer un vídeo promocional**: Potser l'exemple més clar, conegut per tothom, és el de l'Aleix Saló. El noi és un dibuixant gràfic que li costava molt donar a conèixer o mostrar el seu talent. Amb els seus dibuixos va fer el vídeo titulat: *"Españistán, de la burbuja inmobiliaria a la crisis"*. El va penjar al Youtube. Es va convertir en el que es coneix com un vídeo viral, és a dir, que es propaga a una velocitat meteòrica per la xarxa gràcies que la gent el recomana als seus amics.

Aprofitant la repercussió del vídeo l'Aleix va posar el còmic que corresponia al vídeo a l'Amazon. El còmic ha estat durant moltes setmanes en el rànking número 1 de descàrregues venudes. Desprès de l'èxit a Internet han estat les editorials les que l'han buscat per fer contractes. També li han arribat interessants ofertes professionals.

• **Fer una promoció a les xarxes socials**: Utilitzar la nostra xarxa d'amics, coneguts, seguidors i fans és el primer que cal fer. Quan major sigui la nostra xarxa inicial major pot acabar sent l'arrancada de les vendes. Més informació: Beneficios rápidos de las redes sociales (http://www.compraventa-dominios.com/?p=797).

• **Utilitzar les eines de promoció de pagament d'Internet**: A Internet està ple de diferents possibilitats de fer una promoció de pagament. Com ja s'ha comentat anteriorment Amazon paga el 10% de la seva part en remunerar a tot el que li ajuda a vendre. També a quasi totes les plataformes hi ha packs promocionats, per exemple, a Lulu, CreateSpace o Bubok. Una opció que funciona relativament bé és la funció d'Adwords de Google que consisteix a pagar per cada visita que m'envia a una plana de venda d'algun llibre. En aquests cassos, cal calcular bé el que paguem amb respecte al que realment venem utilitzant aquesta promoció. Com a criteri general, s'ha de tenir molt de compte amb el que es paga en les promocions ja que en la majoria dels casos no es recupera el pagat amb les vendes aconseguides.

• **Permetre el préstec del llibre**: Això fa que un amic pugui deixar el llibre a un altre amic. Els sistemes el que fan és que el préstec sigui per un temps determinat o es limita la quantitat de vegades que es pot prestar un llibre. Està bastant demostrat que si el llibre agrada fa que s'acabin comprant més llibres. Aquesta funció sòl ser configurable en el moment de pujar el llibre digital a la plataforma de venda.

• **Mostrar un fragment inicial del contingut**: Cada plataforma és diferent en aquest aspecte. Amazon mostra el primer 10% del contingut. Google, en el seu programa de vista prèvia, posa per defecte el 20% inicial, afegeix els seus típics anuncis i paga per ells. Bubok permet indicar les planes que volem que siguin mostrades. La informació mínima a mostrar es recomana que sigui l'índex. Hi ha opinions per a tots els gustos però sembla que està bastant demostrat que és un recurs que funciona. Es tracta d'un bon remat per a que la venda arribi a bon port.

• **Donar el llibre de forma gratuïta**: És un plantejament que cal pensar-lo dues vegades. Les pàgines de descàrregues gratuïtes solen gaudir d'una gran multitud de bons lectors. Si regalem el text es poden aconseguir fàcilment de 10 a 20.000 descàrregues mentre que si les cobrem només n'aconseguirem 1.000 en el mateix temps. El secret del guany en una descàrrega gratuïta sol estar en que s'aconseguiran guanys indirectes fruit de la publicitat aconseguida pel fet d'arribar a més gent. Els autors expliquen que el més habitual, en aquests casos, és que es promou un determinat servei professional o es fan conferències i entrevistes remunerades. Altres alternatives poden ser: afegir enllaços de text, oferir un text abreujat amb respecte al text complet o promocionar altres llibres de l'autor del mateix tema o categoria. Les plataformes gratuïtes solen facilitar ingressos directes alternatius tal com podria ser amb l'opció dels microdonatius o inserint publicitat voltant la informació del llibre. Webs: Librear (http://www.librear.com) i Free eBooks (http://www.free-ebooks.net).

Amazon permet regalar la descàrrega del llibre durant un determinat temps. El que té d'interessant és que els llibres regalats computen com a vendes. D'aquesta forma, tenim que el llibre començarà ben posicionat en el rànking de vendes d'Amazon.

• **No oblidar els mitjans tradicionals**: Evidentment. Sempre han estat i seran generadors d'informació que mouen masses i, per tant, potencials compradors. El primer que cal plantejar-se en aquest tema es fer notes de premsa. Donar-se a conèixer en els diaris i revistes especialitzades del mateix tema que el llibre sol ser el segon pas. Tampoc cal descartar regalar estratègicament alguns llibres a llocs concorreguts de gent com podrien ser les biblioteques o les universitats. Donar entrevistes, conferències o sortir per la televisió pot representar un abans i un desprès.

• **Participar en concursos i premis literaris**: És un camí molt utilitzat pels escriptors novells a qui els cal una bona empenta per a ser coneguts. És una promoció basada en la qualitat de la seva producció. Deixant apart els grans premis, hi ha una gran quantitat de certàmens i convocatòries de tot tipus en les que hom pot participar amb certes garanties d'èxit. Es pot veure la llista actualitzada de les principals convocatòries de concursos a Escritores.

MÉS INFORMACIÓ

• **Escritores**: És un bon lloc on trobar una bona informació amb recursos per escriptors: agents literaris, editorials, beques, concursos i orientació legal. Permeten que s'aportin dades d'un llibre per anunciar-lo en el seu sistema. Web: Escritores (www.escritores.org).

• **Compraventa de dominios**: És un bon lloc on hi ha una gran quantitat d'articles explicatius pel món del web i del bloc. Encara que la pàgina està molt enfocada a la promoció a Internet d'un web cal considerar que la promoció d'un *ebook* té molts aspectes bastant semblants. Web: Compraventa dominios (www.compraventa-dominios.com).

ALTRES LLIBRES DE L'AUTOR

- **Tema**: Muntanyisme i senderisme.
- **Informació**: http://www.posets.com/blog/?page_id=3216

- **Tema**: Economia i finances.
- **Informació**: http://www.kritika-al-sistema.com/?page_id=1880

- **Tema**: Internet i pàginas web o blocs.
- **Informació**: http://www.compraventa-dominios.com/?p=797

- **Tema**: Cartografia i topografia.
- **Informació**: http://www.hyparion.com/?page_id=868

- **Tema**: Auto ajuda.
- **Informació**: http://www.posets.com/blog/?page_id=3216

- **Tema**: Erotisme i sexologia.
- **Informació**: http://www.cuentos-x.com/?page_id=1680

www.ingramcontent.com/pod-product-compliance
Lightning Source LLC
Chambersburg PA
CBHW071556170526
45166CB00004B/1697